NOTICE PRÉLIMINAIRE

SUR LES DEUX FAMILLES

DÉFENDUES PAR Mᵉ TRIPARD & PAR Mᵉ BERRYER,

AU SUJET DE LA PROCÉDURE RÉTROACTIVE INTENTÉE CONTRE ELLES
ET LEUR REPRÉSENTANT DÈS L'ANNÉE 1862.

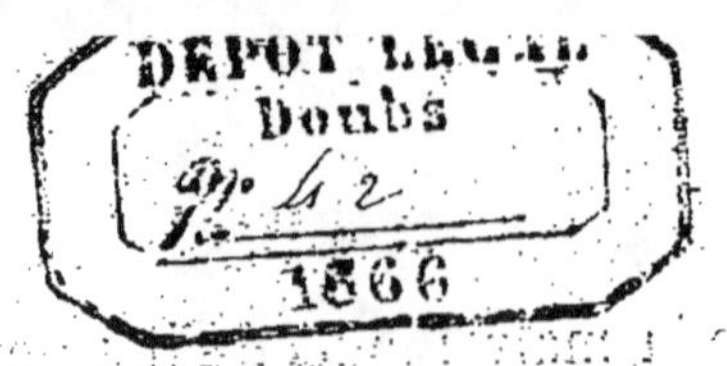

Acer ad pugnam redit.
Plus ardent que jamais, il retourne au combat.
(Enéide.)

Le public attend avec empressement les plaidoiries de
Mᵉ Berryer. Le soin de les reproduire a été confié à M. Sabattier, sténographe en chef du Corps législatif. L'exercice
supérieur de son art lui permet d'évaluer le temps néces-
saire pour traduire les principaux orateurs : il faut six
heures, terme moyen, pour une heure d'improvisation ;
mais il en faut dix pour une heure d'improvisation de
M. Thiers, et il en faut douze pour une heure d'improvisation de M. Berryer.

Afin d'atteindre une parfaite exactitude, M. Sabattier a
réclamé le dossier même de l'affaire, qui vient de lui être
envoyé. M. Berryer se réserve de réviser cette reproduc-
tion ; tout cela demande du temps, quelque célérité qu'on
y mette. En attendant, on publie cette Notice succincte.

L'état ancien des familles est le vrai fond du procès ; il
faut le tirer d'un passé souvent oublié ou méconnu, l'éle-

ver au-dessus de la malveillance, s'il en existe, le mettre à la portée de tout le monde.

Une exposition historique très développée sera l'accompagnement indispensable de la plaidoirie de Me Berryer. Ce travail est prêt à être réuni au monument qu'il vient d'élever sur des tombeaux qu'il ne s'agit pas de fouiller avec impudence, mais d'interroger avec respect.

Les deux familles objet de cette Notice n'ont jamais fait publier de généalogie et ne se sont même pas donné la peine de rectifier ce qu'ont écrit de faux ou d'inexact sur elles, des compilateurs qui se copient les uns les autres. La lignée maternelle a pris fin en la personne de Ferdinand, comte de Poligny, grand-père des deux frères, sans enfants, en qui s'éteindra leur propre lignée paternelle. Les traditions de l'ancienne noblesse ne sont pas en grande faveur à présent, mais une attaque vraiment incroyable oblige d'y revenir.

Les Hugon sont originaires du Chalonnais, au duché de Bourgogne ; ils étaient établis à Fontaine-Française au commencement du XIIIe siècle, et lorsque Louis XI fit la conquête du duché, la famille se divisa et suivit deux partis différents. La branche qui subsiste seule aujourd'hui, abandonna le duché et les biens qu'elle y possédait, pour rester fidèle à la maison de Bourgogne ; elle s'établit à Gray, où elle avait déjà des alliances et des possessions.

On ne rapportera ici que quelques-uns des actes qui font partie des archives de la famille.

En 1283, Guillaume de Neuchatel « ordonne par son » testament de rendre à Monseigneur Hugon de Gy une » somme d'argent que celui-ci lui avait prêtée à Chalon. »

De là nous passons à un acte beaucoup moins ancien, mais qui s'étend sur le passé.

En 1643, MM. Jules et Pierre Chiflet, qui résidaient alors à Bruxelles, se firent donner acte authentique par les officiers municipaux de la ville de Gray de leur alliance avec la famille par Claudine Hugon, femme de François de Maubouhans, leur bisaïeule maternelle, laquelle était fille de noble Jean IV Hugon, seigneur de Poyans, vicomte mayeur de Gray, trésorier général de Bourgogne, sixième descendant, dans l'ordre chronologique, de ceux dont la filiation est certaine, depuis environ 1320.

A partir de ce Jean Hugon, marié en 1531, tous les contrats de mariage ont été conservés.

Cet acte de 1643 rapporte que Samson Ier, trésorier général de Bourgogne, fils de Jean II et le quatrième dans l'ordre généalogique, « tint son habitude à Gray en » l'année 1455. Les Hugon ayant quitté Fontaine-Fran- » çaise et y ayant laissé pour marque de leur antiquité ho- » norable la peinture de Jean II ès l'un des vanteaux du ta- » bleau sur le grand-autel, et celle du sieur son frère, prieur » de Fontaine-Française, ès l'une des maîtresses verrières, » ayant à côté de lui peintes les armes qu'ils portoient » alors, *d'azur à trois bris d'huis ou gonds d'argent,* de plus, » une fondation en ladite église, assignée par Jean Hugon » sur une faulx de pré appelée la *Faulx des deux Epées,* » acquise du prix que Jean Hugon y gagna de son temps par » ses armes, duquel prix il acheta un pré qu'il donna pour » la rétribution de ladite fondation.

» V. Jean III vesquit en grand honneur et crédit; il tenoit les » seigneuries de Leully, de Valay, de Viviers, de Mantoche, » selon qu'il fait foy des contrats de 1520, et en 1521 il fut » envoyé en possession de la seigneurie de Cule; en 1530, » sa noblesse fut constatée par lettres patentes de Charles V. » En récompense de ses services et pour l'indemniser des

» pertes que ses ancêtres avoient éprouvées au service de
» la maison de Bourgogne; cet empereur lui accorda sur
» les forêts de Velesmes, Bellecombe et Aprémont les mêmes
» droits dont ses ayeux avoient joui sur les forêts domania-
» les aux environs de Fontaine-Française, dans le duché de
» Bourgogne. On voit dans le chœur de l'église paroissiale
» de Gray, d'un côté son portrait avec celui de Nicole
» Boutchoux, sa seconde femme, de l'autre le portrait de
» Jean Boutchoux, secrétaire général de Charles V, et celui
» d'Antoinette Marmier, sa femme. La chapelle que Jean
» Hugon avoit fait ériger dans l'église paroissiale de Gray
» étoit ornée de ses armoiries anciennes et des nouvelles
» (de gueules aux deux aigles d'argent, ayant pour cimier
» une aigle noire portant un anneau de diamant en signe de
» fidélité), que Charles V lui avoit données en échange des
» premières (1). »

Si la famille de MM. Chiflet a tenu, il y a deux cent vingt ans, à constater son alliance avec la famille d'Hugon, celle-ci ne tient pas moins à en conserver le souvenir.

Jules Chiflet était membre du chapitre métropolitain, conseiller clerc au parlement, abbé de Balerne, chancelier de la Toison d'Or, député du clergé aux Etats de la province. Sa famille, véritable type de la haute magistrature par ses charges, la dignité de ses mœurs, la fermeté de ses principes et son immense apanage de science, s'est perpétuée jusqu'à nos jours ; elle vit encore tout entière dans celui qui, sans remplir aucune des fonctions de ses illustres ancêtres, les représente tous par l'élévation de ses sentiments, l'indépendance et la noblesse de son caractère.

VI. Jean IV est ainsi désigné dans un diplôme de 1552 :

(1) Acte du 19 décembre 1643.

« Très noble seigneur Jean Hugon , qu'une vertu éclatante
» et des actions dignes d'éloge rendent illustre. »

Nous ne multiplierons par les citations. D'après les traditions domestiques, la fortune de la famille subit beaucoup
de vicissitudes au XVIᵉ siècle, et l'invasion d'Henri IV ne
répara pas les pertes qu'elle avait précédemment éprouvées.
Ses membres n'en étaient pas moins portés presque sans
interruption à la tête du corps municipal ; ils étaient pour
ainsi dire héréditairement vicomte mayeur d'une ville qui
leur était devenue chère et qui avait pour eux des sentiments
réciproques. Les vieux manuscrits attribuent à chaque nom
des espèces de légendes, où sont célébrés avec une prolixité
naïve tous les bons offices mutuels, toutes les manifestations
de joie municipale, alors si vives; traits de mœurs excellents,
mais dont l'intérêt s'étend assez difficilement au delà des
barrières urbaines. Dans toutes les villes de la province, dans
Besançon même , si profondément démocratique , des gen-
tilshommes siégeaient dans les corps municipaux; noblesse
et bourgeoisie s'appuyaient l'une sur l'autre. Cela contre-
dit un peu les penseurs rétrospectifs, qui ne rêvent qu'anta-
gonisme, haine , oppression et opposition continuelle dans
l'ancien ordre social, pour flatter leurs propres préjugés.

Pendant que l'archevêque et le parlement étaient en-
fermés dans Dole, assiégée en 1636, Pierre Iᵉʳ reçut
commission d'exercer à l'extérieur les fonctions de gouver-
neur ; il entra bientôt au parlement, sur la recomman-
dation expresse du cardinal infant; Antoine, son frère aîné,
mort sans laisser de postérité ; l'avait précédé dans cette
compagnie. Une coupe en vermeil fut donnée à Pierre par
l'archiduc Léopold , au nom de l'empereur Ferdinand III ,
en témoignage de ses services.

Les branches du duché étaient alors éteintes : l'une,

en 1512, et en la personne d'Isabelle, fille de Guillaume, grand bailli du Charolais et chancelier de Bourgogne, frère de Philibert, cardinal évêque de Mâcon.

L'autre, en la personne de Fiacre Hugon de la Reynie, président du parlement de Dijon, garde des sceaux du duc d'Alençon et réformateur de la coutume de Bourgogne, qui mourut sans postérité en 1592. Son neveu, Simon Hugon, conseiller au même parlement, ne laissa point d'enfants (1).

La branche comtoise a donné sept membres aux parlements de Dole et de Besançon. Dans toutes les lettres de provision de leurs charges, il est fait mention *de la noble extraction de la famille, de la noblesse des ancêtres, des services importants et distingués des aïeux.*

XI. Jean-Baptiste, conseiller au parlement de Besançon, épousa, en 1706, Denyse Richardot, en qui finit cette famille qui avait produit François Richardot, évêque d'Arras, l'un des pères du concile de Trente, où il siégeait aussi en qualité d'ambassadeur de Philippe II; Jean Richardot, président du conseil privé des Pays-Bas, ambassadeur d'Espagne au congrès de Vervins et à Paris, tige des princes de Stenuys et du saint-empire, et père de l'archevêque de Cambrai, qui affranchit ses sujets du prieuré de Morteau, dont il était abbé commendataire.

A la mort de Jean-Baptiste, le parlement sollicita pour son fils une dispense d'âge ; dans sa réponse le chancelier d'Aguesseau s'exprime ainsi :

« M. Hugon, en faveur de qui vous m'écrivez, réunit » tant d'avantages en sa personne, soit du côté de la nais- » sance, soit par les services de ses pères, et surtout ceux

(1) Acte de 1643.

» d'un magistrat aussi vertueux et d'aussi bonne réputation
» que l'était feu M. Hugon, son père, et il a d'ailleurs un
» oncle d'un mérite si universellement reconnu, qu'on ne
» doit pas douter qu'il se conduise par ses avis, etc., etc.
» Ce sera donc avec plaisir que je lui ferai expédier les dis-
» penses. »

Cet oncle, mort en odeur de sainteté, était évêque de
Philadelphie, suffragant de Besançon; il mourut six jours
avant l'archevêque, auquel la voix publique unie au choix
du souverain, l'appelait à succéder.

XII. Pierre-François Hugon, conseiller au parlement,
épousa en 1745 Charlotte Belin. En sa personne et en celle
de sa sœur cadette, s'éteignit l'ancienne famille des Belin, si
marquante dans le parlement, le clergé, les lettres, et par
les missions remplies à Bruxelles, à Madrid, à Paris et à
Vienne. Albert Belin fut évêque de Belley, nommé à l'ar-
chevêché de Rouen; Pierre, son neveu, fut envoyé six fois
en députation à Paris par le parlement.

XIII. Charles-François-Xavier, conseiller au parlement,
épousa le 11 janvier 1791, Marie-Jeanne-Xavière de Poligny, troisième fille de Ferdinand, comte de Poligny, dont
le fils aîné, Marie-Joseph, a relevé les noms et armes de
Poligny; l'aînée des filles de Ferdinand n'avait eu qu'une
fille; la seconde était chanoinesse à vœux.

La transmission des noms et armes était une coutume
immémoriale de la province, qui était régie par le droit ro-
main. Cette coutume fut reconnue par le placard des ar-
chiducs en 1616, garantie avec toutes les coutumes du
pays par les capitulations après la conquête, confirmée par
une exception formelle dans l'ordonnance de Louis XV,
rendue en 1747.

En 1636, Jean-Claude de Poligny substitua sa terre

d'Evans à ses quatre cousins de même nom que lui , avec obligation de porter exclusivement leurs nom et armes de Poligny à l'exclusion de tous autres. Cette substitution perpétuelle dans la lignée masculine devait, à l'extinction de celle-ci , passer dans la lignée féminine ou semi-agnatique, et à l'aîné des enfants mâles des filles des quatre substitués, selon l'ordre dans lequel ils avaient été appelés.

A la mort du testateur, en 1666 , les trois branches aînées étaient éteintes; François de Poligny-Chatillon , baron de Montfort , n'avait laissé qu'une fille , nommée Charlotte.

Claude de Poligny, baron de Traves, mourut sans enfants.

Philibert de Poligny, sieur de Velle , n'avait laissé qu'une fille, nommée Caroline.

Philibert de Poligny, sieur d'Augea , quatrième appelé , était mort aussi, mais il avait laissé un fils, François de Poligny. Celui-ci accepta solennellement la substitution , qui passa à son fils Gabriel et à son petit-fils Ferdinand de Poligny, qui mourut en 1776, laissant quatre filles mineures, dont deux en bas âge.

La substitution, passant alors dans la lignée féminine, fut disputée par les descendants des autres branches, éteintes depuis si longtemps, et attribuée en 1779 à l'arrière-petit-fils de Caroline , fille du troisième substitué, qui entra en possession du nom de Poligny et de la terre d'Evans.

Mme la comtesse douairière de Poligny forma , en 1780, opposition à l'arrêt du parlement, au nom de ses filles mineures, non valablement défendues et non représentées par leur tuteur onéraire.

En 1796 la république faisait vendre la terre d'Evans sur l'ancien compétiteur émigré. Mme de Poligny renouvela son opposition à la fois contre l'arrêt du parlement et contre la république. Sa requête fut admise, et en 1799 un arrêt du tribunal de Bourg rendit aux filles de Ferdinand de Poligny les biens substitués, renvoyant les parties au point où elles étaient en 1776, avec rapports des fruits et levées, déclarant que la substitution avait été mal attribuée, parce qu'on avait confondu l'acception du mot *descendant* avec celle d'*enfant*, laquelle ne peut être entendue que du premier degré ou du fils de la fille.

En 1799, l'*enfant* de la fille était né ; il était mineur, il avait trois ans, et ne pouvait faire valoir ses droits. D'ailleurs, les lois intervenues en 1790 et en 1792 contre la noblesse et les substitutions interdisaient de lui attribuer le nom et la terre.

Mme Hugon, née en 1769, avait été investie, en 1776 et avant ces lois prohibitives, du droit de transmettre, droit dont elle était simple dépositaire et qu'elle ne pouvait aliéner ni altérer ; ce n'est point elle qui a donné son nom à son fils, c'est par elle que le nom de la lignée féminine lui a été transmis. Ce fils, né pendant le long état de suspension où a été la substitution, a hérité de tous les droits que les arrêts lui ont rendus et de celui dont l'ont investi la loi politique de 1814, non abrogée sur ce point spécial, et le décret du 24 janvier 1852.

En 1799, les biens sont rentrés dans sa lignée et il en a pris sa part ; en 1814, lorsque l'article 71 de la charte a aboli les lois portées contre la noblesse, il est rentré en possession des noms et armes.

Si la charte eût également aboli les lois portées contre les substitutions et rendu les droits anciens aux parties, il eût, en sa qualité de mineur, attaqué l'arrêt de Bourg rendu en 1799, pour revendiquer la possession exclusive de la terre d'Evans, de même que sa mère et ses tantes avaient attaqué, en leur qualité de mineures, l'arrêt rendu contre elles en 1779; et, comme elles, il eût obtenu gain de cause. Il a donc repris de *plein droit*, selon les termes du testament et l'ancienne coutume du pays qui n'exigeait aucun envoi en possession pour relever simplement des noms et armes, les noms et qualités rendus par l'article 71 de la charte aux rejetons de l'ancienne noblesse, nés avant et depuis 1789 jusqu'à 1814, et auxquels les lois de la révolution, du premier et du second empire, ne sont pas applicables en ce qui concerne les titres honorifiques. Il n'y a jamais eu d'autre interruption dans la possession du nom de Poligny que celle qui y fut apportée par les lois rendues contre la noblesse. Le troisième descendant de Caroline de Poligny l'a porté jusqu'en 1789, au lieu et place de l'enfant de la fille, qui eût été certainement investi en 1799, lorsque la requête faite aux noms des mineures fut admise, si cette requête eût trouvé l'ancien ordre de choses encore subsistant.

Le nom de d'Augicourt, sur lequel le ministère public s'est désisté, n'a été porté qu'à partir de 1782.

Lorsque Charles-Xavier Hugon entra au parlement, il le prit pour se distinguer de son père, conseiller honoraire à la même cour; il ne se trouve pas plus que celui de Poligny dans aucun des actes de l'état civil de la lignée paternelle. Quoi qu'il en soit, l'héritier testamentaire et du sang a porté ces noms pendant cinquante ans sans aucune opposition. Tous les héritiers du prétendant débouté signèrent en 1827 une transaction à propos des indemnités à toucher sur les portions vendues de la terre d'Evans, par laquelle ils déclarent qu'ils ne reviendront jamais sur les jugements et arrêts qui ont remis les filles de Ferdinand de Poligny en possession de l'hoirie.

Dès 1822, la possession du nom de Poligny était d'une notoriété éclatante ; elle avait été annoncée dans les journaux de Paris et du département.

En 1823, celui qui le porte fit imprimer sous ce nom, un ouvrage intitulé *Résumé des questions politiques.*

En 1833, *Le Prêtre marié*, roman religieux et philosophique.

En 1843, le *Monde moderne ou tableau de l'esprit et des mœurs.*

A différentes époques, divers articles de journaux et brochures.

En 1858, *La Franche-Comté ancienne et moderne.*

Dans tous les actes émanés de lui, dans les jugements des cours et des tribunaux, se trouvent ces deux noms joints à son nom patronymique. C'est au milieu de cette longue possession qu'en 1862 et années suivantes, il a été attaqué par le ministère public au nom de l'ordre public, non point avec la loi de 1858, mais sur son acte de naissance. La savante plaidoirie de Me Berryer a développé cette attaque et la fin de non-recevoir qu'il y a opposée. Il ne reste plus qu'à dire un mot sur le titre de comte, que dans cette poursuite rétroactive le ministère public a été conduit à contester aux Poligny, sur lesquels porte presque en entier le procès actuel.

Me Berryer a prouvé la possession plus que centenaire de ce titre à partir du bisaïeul maternel du prévenu. Il a produit des arrêts émanés du parlement, qui donnent ce titre à son aïeul ; il a dit que l'origine de ce titre se perdait dans la nuit des temps et que les titres anciens avaient des origines très diverses.

Tous les historiens et généalogistes ont donné à la maison de Poligny une origine commune avec la maison des premiers comtes de Bourgogne ; il existe encore des chartes du XIIe et du XIIIe siècle, qui, rapprochées l'une de l'autre, justifient jusqu'à l'évidence cette opinion générale et traditionnelle dans la province.

Toutes les grandes charges du comté, charges qui n'étaient données alors, disent les mêmes historiens, qu'aux parents ou alliés des maisons régnantes, étaient tenues en fief au XIIe et au XIIIe siècle par les Poligny, aussi bien que les dîmes sur les blés et les vins de Poligny et de son territoire.

Ils possédaient à Poligny un grand fief dont le démembrement fut commencé en 1279 par un échange que fit Odon, des grands de Poligny, fils de Eudes, connétable de Bourgogne, et quatorzième ascendant direct de Ferdinand de Poligny, avec le comte Hugues. Les partages de famille, des ventes successives prouvées par les chartes, amoindrirent considérablement ce grand fief de la branche aînée, de sorte que dans le XIVe et le XVe siècle les souverains donnèrent une multitude de petits fiefs et chevances à nombre de familles nobles ou bourgeoises de Poligny, qui ajoutèrent quelquefois et passagèrement ce nom à leur nom patronymique, sans avoir pour cela la moindre affinité ni parité avec la maison de Poligny, dont la généalogie, à partir du XIIe siècle, est parfaitement connue. A toutes les époques on les voit verser leur sang sur les champs de bataille, commander les troupes et présider la chambre de la noblesse aux états de la province.

Un édit du 16 juin 1626 est ainsi conçu :

« Il est interdit à tous vassaux, etc., de s'attribuer aucun titre *d'illustre, puissant seigneur, comte,* etc., si ce n'est par concession du souverain *ou par jouissance plus que centenaire, tant à cause de leur naissance que des fiefs par eux possédés.* »

C'est en vertu de leur naissance que les Poligny ont pris le titre de comte. Le parlement le leur a reconnu, et c'est précisément parce qu'il n'y a pas d'érection, parce que c'est un titre personnel, résultant de la qualité des personnes, qu'il est inséparable du nom et doit se transmettre avec lui.

On pourrait montrer des testaments antérieurs à celui de 1636, dans lesquels il n'est fait aucune mention de la qualité de baron portée par le substituant et relevée par le substitué, notamment celui du baron de Montfort de 1626, qui lègue son nom et ses armes à son neveu François de Poligny-Chatillon, lequel en relevant le nom et les armes a pris le titre de baron, non mentionné audit testament.

Des notices historiques et généalogiques beaucoup plus complètes avec pièces justificatives ;

Un précis sur le droit coutumier de transmission de noms et armes et sur la jurisprudence du parlement de Franche-Comté en matière de substitution, seront publiés plus tard avec la plaidoirie de Me Berryer, aussitôt que la sténographie l'aura reproduite.

C'est un honneur inespéré pour les Hugon et les Poligny que leur oraison funèbre ait été prononcée par le prince du barreau français, et c'est une aventure fort singulière pour les derniers représentants de ces deux maisons, d'avoir assisté chauds et vivants à cette oraison funèbre.

Tout le monde sait par cœur la fameuse scène des fossoyeurs dans *Hamlet*, qui s'amusent dans un cimetière à remuer des crânes pour reconnaître ceux d'un roi ou d'un bouffon. Mélange incomparable de tragédie, de comédie et de farce, cette scène, remplie d'une philosophie profonde, tient d'innombrables spectateurs magnétisés et suspendus dans un monde à la fois réel et fantastique. A l'avenir, les fureteurs et les réviseurs de parchemins ressembleront de plus en plus à ces fossoyeurs, moins l'émouvante et sauvage sublimité de Shakespeare, bien entendu.

En 1818, parut dans un certain recueil intitulé : *Histoire de l'Université du comté de Bourgogne*, une généalogie du prévenu, où tous les degrés sont confondus, les faits et les actes présentés sous un faux jour. Elle était l'œuvre d'un compilateur auquel la communication des papiers de famille avait été refusée, parce que sa compilation était jugée d'avance, comme elle l'a été depuis par à peu près tout le monde. En 1821, Courcelles, dans son *Dictionnaire généalogique*, copia, en l'abrégeant, l'article tiré du fatras comtois : on laissa passer l'un et l'autre sans réfutation ni réclamation : pareil accident est arrivé à bien d'autres familles qui ne s'en portent pas plus mal. Libre à M. le procureur général de s'en rapporter aux autorités qui lui conviennent, mais dès qu'il touche à ces questions-là, il perd sa qualité officielle si imposante, et il n'est plus, même en pleine audience, que M. Blanc, simple amateur dont il est permis de contredire l'opinion.

M. le procureur général a jugé à propos de faire une autre excursion au sujet du contrat de mariage de Mme la comtesse Provana, sœur de Mme la comtesse Hugon de Poligny, contrat assurément bien étranger à la cause, sinon pour constater la possession non interrompue des qualifications du prévenu. Rien ne prête moins au sarcasme, quand on sait ce qui s'est passé. M. le comte Provana, chef de sa maison, personnage infiniment respectable, vint en France présider au mariage de M. son fils aîné. D'après son désir, on inséra dans le contrat de mariage des énonciations de qualités peu en harmonie avec le style actuellement en usage chez nous ; aussi ne se

trouvent-elles point dans le contrat de mariage de M. de
Poligny. Elles furent ajoutées en marge du contrat de mariage de M. Emilien Provana, et beaucoup moins explicites
qu'à Turin, où ces sortes de formules sont d'un usage cons-
tant. Si M. le procureur général avait poussé plus loin ses
investigations, il aurait encore découvert qu'à la demande
formelle de M. le comte Provana, la célébration du mariage
devant l'Eglise catholique, apostolique et romaine, avait été
constatée pour effacer l'idée du mariage civil, qui choquait
souverainement les principes piémontais, et est encore si
peu en faveur au delà des Alpes. N'est-il pas singulier que
l'on soit ainsi amené à divulguer les détails les plus intimes
relatifs à une famille aussi étrangère au procès ?

M. le procureur général a cité, de mémoire, une lettre
de M. le comte de Poligny; sa citation n'a pas été tout à
fait exacte. En 1862, le procureur impérial, qui mettait
alors les fers au feu, ignorait que le nom de la maison de
Poligny fût celui de la ville, et il disait que le titre de comte
était un titre en l'air. C'était la première fois qu'on en-
tendait pareil langage, et ce fût sous cette impression que
M. de Poligny écrivit la lettre rappelée par M. le procureur
général. Voici le passage textuel auquel il a fait allusion :
« Si l'on ouvre l'histoire et les chartes, on saura que les
» premiers comtes de Bourgogne ont établi les fondements
» de leur puissance en ce pays par leurs alliances avec mes
» ancêtres, comtes par naissance et qui, en qualité de grands
» barons, n'avaient point à demander d'octroi de titre. Cela
» justifie l'ancienne opinion de la province qu'ils étaient
» d'origine souveraine. Il y a encore dans les temps mo-
» dernes quelques souverains auxquels nous ne sommes
» pas étrangers, et j'ai dans mon salon le portrait de
» l'arrière-grand-mère de feu la grande-duchesse Sté-

» phanie de Bade, cousine du souverain régnant présen-
» tement en France, lequel portrait sert de pendant à celui
» de François-Gabriel de Poligny, mon arrière-grand-père,
» dont cette bisaïeule de la grande-duchesse était sœur. »

M. de Poligny peut se servir, selon les cas, d'un style libre et dégagé ; mais pour un style impertinent, emphatique ou sottement glorieux, il ne l'emploie jamais.

Il n'a fait remettre au parquet de Besançon que deux lettres, dont le double était simultanément adressé au ministre de la justice pour éviter les malentendus, et il en avertissait le parquet. C'est dans la seconde que se trouve le passage transcrit ; la version qu'en a faite M. le procureur général est un peu libre : *Il a écrit au ministre qu'il est* LE FILS DES ROIS. C'est fort joli ; mais ce n'est, après tout, qu'une figure de rhétorique. L'ironie est, à la vérité, une arme bien puissante, trop puissante peut-être, entre les mains d'un homme qui est à la fois magistrat et partie adverse de l'accusé qu'il cherche à percer de ses traits.

Ces observations sont faites avec tout le respect dû *au grand pouvoir*, comme il le dit lui-même et comme chacun peut en éprouver l'effet le plus inattendu, que M. le procureur général *exerce sous l'autorité de la cour*. Elles dégagent la cause une fois pour toutes d'accessoires qui lui sont étrangers.

C'est par considération pour M. le procureur général et afin de n'avoir pas l'air de n'attacher aucune importance à ses paroles, qu'on a cru devoir les relever. On n'usera pas de ce procédé pour tout ce qui pourrait être dit ou écrit d'extra-judiciaire dans la nouvelle phase de cette affaire.

BESANÇON, IMPRIMERIE DE J. JACQUIN.